OBSERVATIONS

SUR

L'ÉTAT PRÉSENT DE LA FRANCE,

CONSIDÉRÉE SOUS LE RAPPORT DES FINANCES
ET DES MŒURS.

PAR M. GOURJU, Contrôleur des contributions directes
du département de Seine-et-Marne, résidant à Meaux.

*Misericordia et veritas obviaverunt sibi,
justitia et pax osculata sunt.*

A PARIS,

Chez FRANCART, Libraire, rue Poupée, n°. 5.

1815.

Les Observations qu'on va lire ont été adressées en manuscrit à S. Ex. le ministre des finances, le 16 juin 1814. Je présume qu'elles n'ont pas été mises sous ses yeux, n'en ayant reçu aucune nouvelle.

J'ai cru devoir les faire imprimer sous une autre forme, avec les modifications et additions nécessitées par les circonstances actuelles.

Je serai toujours prêt à fournir les développemens dont elles sont susceptibles.

AU ROI.

Sᴵʀᴇ,

Uɴ des plus fidèles sujets de Voᴛʀᴇ Mᴀᴊᴇsᴛᴇ́ ose lui présenter le foible hommage de ses recherches et de ses méditations pendant quarante ans sur les finances.

Les plaies du royaume sont profondes, Voᴛʀᴇ Mᴀᴊᴇsᴛᴇ́ n'a pas à se les reprocher; une bonne administration peut les cicatriser.

Si le sage ministre qui est à la tête des finances est secondé, il pourra, en peu de temps, en débrouiller le chaos.

Le corps législatif qui va s'assembler, faisant abnégation de tout intérêt personnel, sauvera la chose publique.

Il ne se dissimule pas, Sᴵʀᴇ, que les plus grands obstacles à la régénération des finances sont dans les mœurs et les habitudes; ces obstacles ne sont pas invincibles.

Il a vu les règnes de Louis XV et de Louis XVI, les orages révolutionnaires ont

passé sur sa tête ; il a vu la nation se dé-
moraliser et courir après des fantômes, il
en a gémi ; il a été opprimé et ruiné, il a
tenu ferme à ses principes, il y a élevé sa famille, et aucun des siens n'a encensé l'idole.

La divine Providence a comblé les vœux
du peuple, en lui rendant ses légitimes
souverains.

Il pourra, avant de descendre au tom-
beau, se glorifier d'avoir vu le règne de
Louis XVIII. Puisse ce règne être heureux
et de longue durée, et laisser à VOTRE MA-
JESTÉ le temps d'établir et de consolider ses
sages et hautes conceptions pour le bonheur
de ses sujets !

Si les vues qu'il présente peuvent être
utiles, il trouvera sa plus douce récom-
pense dans les sentimens d'amour et de
dévouement dont il est pénétré, et avec
lesquels il est,

DE VOTRE MAJESTÉ,

Le très-soumis sujet,

GOURJU.

OBSERVATIONS SUR LES FINANCES.

DES CONTRIBUTIONS.

Sı les finances sont le nerf des gouvernemens, les mœurs en sont le plus ferme appui.

Le systême des finances doit être tel, que le peuple qui paie, n'en murmure pas, et que la morale publique n'en soit pas altérée.

Le systême actuel est compliqué, ruineux pour le gouvernement et les contribuables.

Le royaume étoit surchargé d'une dette considérable : la loyauté du Roi l'avoit garantie ; elle n'étoit pas de son fait.

Réduite à son ancien territoire, la France, pouvoit en payer les intérêts et en absorber le capital, ou au moins une grande partie, en peu d'années, sans convulsions, sans nouveaux impôts, sans emprunt, et même sans anticipations.

Telle étoit la situation de la France lorsque le Roi, en 1814, est remonté sur le trône de ses aïeux.

Des ennemis de la tranquillité publique et du bonheur de leurs concitoyens, des hommes pervers, l'ont fait descendre momentanément de ce trône, qu'il illustroit par ses vertus et sa modération ; ils ont supposé des choses auxquelles il ne pensoit même pas ; ils ont, dans leur délire, osé attaquer toute la famille royale et même la fille des Rois, Mme. la duchesse d'Angoulême, cette intéressante victime des forfaits de la révolution, ce modèle vivant de toutes les vertus ; ils ont plongé la France dans le deuil et dans les larmes.

La dette publique s'est encore accrue de toutes les dilapidations et de tous les excès de ces hommes sans mœurs qui ont remplacé les gens de bien dans les différens postes que leur avoit assigné le Roi.

Il seroit difficile de déterminer la somme de ces dilapidations. Elle doit être immense, si on considère tous les efforts qui ont été faits pour soutenir sur le trône l'homme que les souverains de l'Europe avoient rejeté par un décret solennel, et qu'on s'est obstiné à garder malgré ce décret, et contre les vœux de la presque totalité des Français.

La situation actuelle du royaume nécessite l'établissement d'un meilleur systême de finances : il convient de les réorganiser, d'en simplifier toutes les parties, d'en rendre la perception moins onéreuse au peuple et plus profitable à la dette publique.

Je puis fournir ce systême.

Les revenus de l'Etat se divisent en contributions directes, les unes appelées de répartition, les autres de quotité, et en contributions indirectes.

PREMIÈRE PARTIE.

Des contributions directes.

Les contributions directes sont : 1°. la contribution foncière ; 2°. la personnelle ; 3°. la mobiliaire ; 4°. les portes et fenêtres, toutes quatre de répartition ; 5°. les patentes, seule de quotité.

1°. La contribution foncière frappe sur la totalité des propriétés ; c'est une redevance que le possesseur de fonds doit et paie pour alimenter la force publique, qui protège la propriété et le propriétaire.

En l'état où elle est, elle ne peut fournir que des idées très-imparfaites sur les richesses territoriales. Le cadastre pourra en fournir de tant soit peu plus certaines ; mais quand sera-t-il achevé ?

L'assemblée constituante, qui a établi cette contribution, n'a pas distingué le fonds du revenu ; elle l'a établie sur le revenu net, en remplacement de ce qu'on appeloit autrefois taille, accessoires ou second brevet, ou quartier d'hiver, capitation, prestation, vingtièmes, quatre sous pour livre des vingtièmes, dîmes ecclésiastiques et inféodées, et enfin tous les droits indirects qui se percevoient avant la révolution. Il reste à savoir si elle a bien rempli son but.

L'auteur d'un Mémoire sur le rétablissement des

finances, publié en 1814, prétend que la somme de trois cents millions, à laquelle l'assemblée constituante avoit porté la contribution foncière, étoit excessive, et revenoit au quart du revenu des biens-fonds; que, pendant les huit ans qu'elle resta fixée à ce taux, elle ne fut jamais entièrement recouvrée.

Il faudroit donc supposer que la totalité des revenus territoriaux de la France ne s'élève qu'à douze cents millions; je ne me permettrai aucune discussion sur ce point.

Ce n'est pas la quotité de cette contribution qui en a empêché le recouvrement, cet empêchement provenoit de causes étrangères à cette quotité. L'assemblée constituante avoit négligé de prendre les mesures préalables et indispensables pour l'exécution de son décret du 30 décembre 1790 : les répartitions furent vicieuses; elles le sont encore.

Cette contribution est trop forte dans certains départemens, et trop foible dans d'autres; on n'a pas encore essayé, depuis vingt-cinq ans, de la proportionner aux forces respectives des départemens. On n'a vu que le cadastre capable d'établir les rapprochemens désirés par tous les contribuables, qui souffrent de cette lente justice et des espérances éloignées qu'on leur donne.

On a cru entrevoir dans des mesures ordonnées

pour parvenir à ce but, un résultat à peu près satisfaisant. On les exécutoit quand le cri d'alarme s'est fait entendre, et que le Roi a été obligé de s'éloigner de sa capitale. On ne devoit pas s'attendre à un succès complet d'une demi-mesure.

2°. La contribution personnelle frappe sur les personnes ; tout individu majeur existant en France en est passible, à moins qu'il ne soit indigent. Elle est fixée à trois journées de travail, dont la valeur est réglée par MM. les préfets. Il en résulte des variations dans toute la France. Dans certains départemens les trois journées de travail sont fixées à 2 fr. 25 cent., dans d'autres à 3 fr., et dans d'autres à 4 fr. et 5 fr. Le citoyen le plus riche ne paie pas plus que le plus pauvre. Ceux qui pourroient payer un ou deux francs ne paient rien, parce qu'il faut les trois journées de travail pour faire une cote au rôle ; et ceux qui ne peuvent payer que cette somme se trouvant taxés aux trois journées de travail ne peuvent payer sans être poursuivis ; et souvent la cote et les frais tombent à la charge du fond de non-valeurs, ou à celle des percepteurs.

A Paris la cote personnelle est basée sur la valeur des loyers d'habitation. La classe des citoyens dont le loyer est au-dessous de 100 francs n'en est pas passible.

3°. La contribution mobiliaire frappe aussi sur les personnes propriétaires et non propriétaires habitans de la commune; elle est basée sur la valeur locative présumée de l'habitation. Cette valeur est établie par des officiers de la commune, qui en estimant l'habitation des autres, estiment aussi la leur : ils sont juges et parties dans leur propre affaire. On voit assez souvent des journaliers et des manœuvres taxés aussi haut que d'autres habitans dont les facultés sont bien supérieures.

A Paris la cote mobiliaire est payée sur les recettes de l'octroi.

L'assiette de cette contribution dans les départemens est trop arbitraire; elle l'est dans le répartiment général entre les départemens, les arrondissemens et les communes; elle l'est dans la répartition individuelle; elle excite des réclamations de toute part, surtout dans la classe malheureuse de la société qui en porte le plus grand fardeau.

En effet, elle frappe sur toutes les classes de citoyens; elle n'a d'autres bases que la valeur locative des habitations : ces bases sont absurdes. Elle est dificile à recouvrer; elle présente tous les ans des non-valeurs et des réimpositions considérables.

On a proposé de conserver ces deux contributions en les augmentant d'un quart, et en rectifiant la répartition, qu'on reconnoît être très-défectueuse.

Pour faire cette rectification, on a proposé de consulter le produit des patentes de chaque commune, parce que le plus ou moins de commerce est un signe assez sûr du plus ou moins de facultés mobiliaires.

Cette base de rectification pourroit être admise si toutes le communes présentoient des avantages égaux dans le commerce ; mais ici, c'est une commune, ville ou bourg dans laquelle il y a des patentables dont l'état, le commerce ou la profession ne sont rien moins qu'avantageux ; là est une autre commune, ville ou bourg dont l'état, le commerce ou la profession sont très-avantageux. Les patentes qui sont classées suivant la population sans égard au plus ou moins de commerce ou d'avantage dans le commerce, sont déjà plus onéreuses à l'une qu'à l'autre ; mais auprès de ces communes marchandes, il se trouve des communes rurales où résident des cultivateurs métayers ou colons, riches et non passibles de patentes. Comment atteindra-t-on leurs facultés mobiliaires? Ces communes sont plus riches que celles où il y a beaucoup de marchands et peu ou point de culture. Il faudroit donc en définitif qu'outre la patente, les marchands supportassent la presque totalité de la contribution mobiliaire.

Le doublement auquel on a assujetti les contributions personnelle et mobiliaire pour 1813 et 1814 et l'augmentation de 1815, ont mis un grand nombre de contribuables hors d'état de payer.

L'auteur du Mémoire a proposé de supprimer le doublement de 1814. Il avoit présumé que l'ordinaire seroit payé en entier, et ne s'étoit pas encore formé une idée exacte de la misère des campagnes, et des ravages causés par la présence des troupes françaises et alliées; ils ont été tels que, même dans les trois mois de la présence de Buonaparte, on ne pouvoit le recouvrer par aucuns moyens. Que ferat-on pour 1815 et 1816?

Il seroit à propos de chercher aux contributions personnelle et mobiliaire d'autres bases que celles qui existent, et de ne former qu'un seul rôle avec celui de la contribution foncière; ce seroit une grande économie de temps, de papier et d'argent.

Ces bases je crois les posséder; je les indiquerois ici, mais je ne pourrois les rendre sensibles que par des exemples; je sens que cela me mèneroit trop loin, et mon intention n'est pas de faire un livre.

4°. La contribution des portes et fenêtres frappe sur les ouvertures extérieures des maisons; elle forme double et triple emploi avec les contributions foncière, mobiliaire et patentes. Il est évident que, plus une maison est belle, plus elle est estimée chère dans ces trois rôles.

Elle est à la charge des locataires.

Sa suppression est prononcée par la loi qui l'a créée; elle ne doit exister que jusqu'à la paix.

5°. La contribution des patentes frappe sur toutes les professions et états; tous en sont passibles suivant la classe dans laquelle leur profession les place. C'est un impôt de quotité, c'est-à-dire, que plus il y a de professions à imposer, plus il est productif et *vicè versa*. Son recouvrement se fait par les mêmes agens et de la même manière que celui des autres contributions.

Cette contribution devroit être plus productive, d'après les tableaux annexés à la loi; mais des décisions ministérielles ont établi des exceptions qui ont beaucoup diminué ses produits.

On a proposé le rachat des patentes, et le rétablissement des maîtrises et jurandes.

Je sais que les maîtrises et jurandes sont désirées par beaucoup d'honnêtes négocians; je sais aussi qu'elles seroient plus avantageuses aux mœurs, mais la proposition me paroît prématurée.

1°. Parce que le commerce n'est pas assez actif, et ne le sera pas assez de deux ans, pour fournir au plus grand nombre le moyen de les racheter.

2°. La plupart de ceux qui ont des patentes ne gagnent que leur moyen d'existence du jour au jour; ils n'ont pas les fonds nécessaires pour les racheter; ils seroient exposés à mourir de faim.

On estime que le rachat des patentes doit produire 102 millions.

Les villages, les bourgs et certaines villes n'étoient pas autrefois sujets à maîtrise ; les y assujettira-t-on dans l'avenir ? c'est une question : je mets en fait que sur dix patentes il n'y aura pas cinq maîtrises.

Il paroît que l'auteur du Mémoire, dont les vues sont d'ailleurs grandes, n'a considéré que la ville de Paris, qui est toujours la boussole de tous les systêmes financiers.

Le régime de Paris et celui des départemens sont bien différens; tout ce qui peut convenir à Paris ne convient pas aux départemens, et tout ce qui convient aux départemens peut convenir à Paris.

Ces cinq contributions forment quatre rôles, celui du garde champêtre en forme un cinquième ; il en existe quelquefois un plus grand nombre, au grand embarras et confusion des contribuables et des percepteurs.

Un contribuable a souvent dix, douze et quinze articles sur un même rôle ; les percepteurs sont obligés de joindre à leurs rôles un sommier et un journal bien ou mal faits : n'importe, ils ne se servent que de ce sommier et de ce journal dans leurs recettes ; jamais ils ne portent leurs rôles ; ils n'y font les émargemens qu'à leur volonté ; la plupart n'en font aucun.

Ils donnent annuellement aux contribuables un

bordereau énonciatif de ce qu'ils doivent; c'est la copie de leur sommier.

Il est facile de réduire tous ces rôles à un seul ou deux au plus, et cette multitude d'articles d'un contribuable sous un seul.

D'abord le rôle des portes et fenêtres ne doit plus exister; si son produit est nécessaire, on peut le remplacer d'une manière plus avantageuse en le combinant avec celui des autres contributions sans leur nuire.

Ceux des contributions foncière, personnelle, mobiliaire, et celui du garde champêtre peuvent n'en faire qu'un.

Celui des patentes jusqu'à leur rachat, s'il a lieu, formera le second.

Les percepteurs seront moins embarrassés. Les contribuables verront d'un coup d'œil, sur un titre exécutoire, avoué de l'autorité, ce qu'ils doivent; les recouvremens seront plus faciles, les émargemens sur les rôles se feront de suite en présence du contribuable payant.

Les défiances des contribuables cesseront.

Il en résultera une grande économie de temps, de papier, de frais, et plus d'exactitude dans les paiemens.

SECONDE PARTIE.

Des contributions indirectes.

Elles sont presque toutes comprises sous la dénomination de droits réunis.

On a beaucoup vanté ce genre de contribution ; on lui attribue la vertu d'être la plus justement et la plus proportionnellement répartie, parce que frappant sur les consommations ce sont les consommateurs qui paient dans les proportions de ce qu'ils consomment.

Je ne sais jusqu'à quel point cette assertion peut être vraie si on envisage l'inégalité dans les fortunes.

Les contributions indirectes ont cet inconvénient que leur organisation nécessite une quantité innombrable d'employés pour les percevoir. Ils consomment un tiers du produit en traitemens et frais de bureaux. Sans une inquisition désolante pour les contribuables, les rentrées au trésor public seroient à peu près nulles ; d'où on conclut que ce n'est pas le droit qui est vexatoire, mais la forme de sa perception.

On a raisonné vaguement sur l'abolition de ces droits ; mais on n'a jamais pu croire qu'avec un capital et des arrérages considérables, exigibles, il fût

possible

possible de supprimer une partie aussi conséquente du revenu public.

Le Roi n'a pu entendre que la suppression de la régie, telle qu'elle existoit, non la remise des droits qu'elle étoit chargée de régir. Ce ne sont pas les droits qui sont odieux aux contribuables, ce sont les formes plus ou moins vexatoires de leur perception.

On pouvoit organiser cette perception d'une manière moins dispendieuse, en faire tourner toutes les recettes au profit de la dette publique, en rendre la perception plus claire, moins onéreuse aux contribuables, et plus avantageuse au gouvernement, sauf à les diminuer ou supprimer graduellement à mesure que la dette publique ne les auroit plus rendus nécessaires.

Cela pouvoit s'opérer par la voie d'équivalent sur les uns, de licence ou d'abonnement sur les autres.

En procédant à cette opération avec beaucoup de prudence et de circonspection, on eut obtenu sur toutes les parties, l'une portant l'autre, un résultat égal ou supérieur à tout ce qui rentroit au trésor public sous la régie.

Les contribuables auroient été soulagés, les murmures auroient cessé, et les mœurs y auroient gagné.

Ce qui n'a pas été fait lors de la première restauration peut se faire aujourd'hui.

Les contribuables n'ignorent pas que la dette exigible est énorme, et que le gouvernement ne peut pas trancher tout d'un coup. Ils sont disposés à faire encore pendant un temps pour le plus juste des Rois, ce qu'ils étoient condamnés à faire toujours pour un gouvernement vorace qui n'existe plus.

Buonaparte, pendant son règne de cent jours, a cru supprimer ce qu'il y avoit de vexatoire dans la perception des droits sur les boissons; il l'a remplacé par un mode encore plus vexatoire.

Les contribuables sont entièrement déroutés, et refusent de payer ce qu'on leur demande.

Cette partie reste à réorganiser sur d'autres bases sous le régime paternel du Roi.

On estime la dette exigible à 600 millions; dans cette somme on ne fait entrer que 100 millions en remises d'impositions, secours effectifs, et rembour-semens de réquisitions. Il faudra sûrement doubler l'un et ajouter aux autres.

On ne présente que 258 millions de ressources pour en éteindre une partie; on ne trouve d'autre moyen d'acquitter le surplus qu'en l'inscrivant sur le grand livre.

Cette mesure conviendra-t-elle aux parties pre-nantes? A-t-on consulté les créanciers? Coïncide-t-elle avec les principes connus du ministre, qui veut que ce qui est dû soit payé le jour même de l'échéance, et qui est entièrement prononcé contre les ajournemens au lendemain? Ne souffre-t-il pas déjà assez du retard forcé qu'occasionne la presque nullité actuelle, quoiqu'instantanée, des recettes du trésor public, qui l'empêche de faire face à la partie exigible la plus pressante.

Il me semble qu'il seroit plus expédient de laisser subsister les droits indirects, en changeant seulement la forme de leur perception.

Je pense que les licences, les équivalens et les abonnemens rempliront les vues libérales du gouvernement et les vœux des contribuables; cette méthode les convertira, pour ainsi dire, en droits directs. Ils seront perçus par les percepteurs des contributions ordinaires dans les communes, ou par un préposé spécial par canton, et choisi parmi les employés de la régie. On accorderoit à l'un ou à l'autre une remise.

Leur perception ne seroit, ni plus vexatoire ni plus inquisitoriale que celle des contributions ordinaires.

TROISIÈME PARTIE.

Des tabacs.

On a proposé de conserver au gouvernement la vente exclusive des tabacs; les motifs allégués sont que ce n'est pas un objet de première nécessité.

Si le tabac n'est pas de première nécessité pour

quelques citoyens, il l'est pour un grand nombre d'autres.

Depuis que le gouvernement s'est emparé de cette branche de commerce, le tabac est beaucoup trop cher, rarement bon, et quelquefois c'est un poison.

La concurrence fait le bon marché, et fait chercher la meilleure marchandise pour en avoir un plus grand débit.

Le gouvernement doit protection à tous les genres de commerce, d'industrie et de culture ; il n'est pas de son essence d'être marchand ; on le trompe trop facilement, et les mœurs y perdent.

Je proposerois donc de rendre la vente des tabacs libre à tous ceux qui voudroient l'entreprendre, en payant une licence, telle ou plus forte qu'on la payoit avant que ce monopole entrât dans la spéculation de Buonaparte. Le prix de la vente de tous les tabacs qui sont dans les magasins de l'Etat, et le produit des licences procureroient tout d'un coup une somme considérable qui seroit employée à absorber d'autant la dette exigible.

Les inconvéniens de la vente exclusive, qui sont d'une conséquence majeure pour les mœurs, cesseroient.

Le revenu de cet objet est porté à 52 millions ; il sera couvert, en tout ou en très-grande partie, par les licences, les patentes, etc. etc.

Je ne parlerai pas des droits sur les voitures publiques, des droits sur les octrois, des droits sur la
navigation, des droits d'enregistrement, des domaines
et timbre, des douanes, des sels et salines, des lote-
ries, des poudres et salpêtres, des postes et des recettes fortuites.

A quelques changemens près, ces droits peuvent
subsister tels qu'ils sont:

QUATRIÈME PARTIE.

Economies.

En réfléchissant sur l'ensemble de toutes ces observations, on s'apercevra facilement que l'économie
sera considérable, et qu'elle tournera à l'avantage
des contribuables et du trésor public.

Il est encore d'autres économies qui résulteront
d'un ordre nouveau à établir dans l'administration de
tous les revenus de l'Etat, qui mettront le trésor public dans la plus grande aisance, et la comptabilité
dans la plus grande clarté et facilité.

Ces moyens ont été médités pendant long-temps;
le sage ministre qui est à la tête des finances les connoîtra quand il le voudra : ils ne sont pas de nature
à être rendus publics avant le temps.

Nous ne sommes pas encore arrivés au temps heureux de voir se réaliser le consolant tableau qui nous est présenté, d'un revenu excédant les dépenses de 18 millions.

Le gouvernement qui vient de finir a mis celui qui lui succède dans le cas de ne marcher que pas à pas. Il faut sonder les plaies de l'Etat, les cicatriser, ménager ses ressources, et ne faire des suppressions qu'à mesure qu'on sentira la possibilité de les faire sans compromettre le crédit public.

Il restoit à l'arrivée du Roi, en 1814, de grands moyens ordinaires à employer pour couvrir la dette publique : le corps législatif a admis ceux compris au budjet de 1815.

Une augmentation de centimes, une augmentation du principal de la contribution personnelle et mobiliaire, la création des obligations du trésor royal à 8 pour cent d'indemnité par an.

Le premier frappoit sur l'agriculture, qui avoit tant souffert par les réquisitions de tout genre, et par les passages des troupes françoises et alliées, et achevoit sa ruine : le second frappoit sur les indigens et les malheureux qui sont hors d'état de payer. Le troisième démoralisoit encore la nation en alimentant l'agiotage.

Dans les cent jours de Buonaparte, on a fait connoître le budjet pour 1816.

Une retenue sur tous les traitemens publics au-dessus de 2000 fr., et un emprunt forcé, etc. etc.

On admire ces donneurs de projets qui vont toujours en louvoyant, qui ne veulent pas aborder la question, détruire le mal dans sa source, et soulager l'Etat en attaquant l'égoïsme pour l'amour et le salut de la patrie et des mœurs.

Ils frappent toujours aux portes de ceux qui n'ont pas, ils ne savent pas demander à ceux qui ont; il leur faut des privilégiés, des favoris; il faut qu'ils alimentent l'agio; ils s'embarrassent fort peu de la misère publique, pourvu qu'ils démoralisent la génération présente; et que les générations futures, en participant à cette démoralisation, participent à ses misères.

Des mœurs, des mœurs, des mœurs, première base d'un gouvernement, et la France sera sauvée.

Le Roi a voulu, dans les dix premiers mois de son règne, les faire revivre; ses conseils lui ont fait prendre des mesures, qui ont nui à ses projets. Pour réussir il faut le vouloir, il faut attaquer le mal par sa racine; et les lois qui les commandent, et les moyens coërcitifs sont sans force : il faut, comme la Providence, employer des moyens invisibles, qui frappent et qui fassent effet.

Ces moyens sont si simples et d'une exécution si

facile, que je ne puis concevoir comment on ne les devine pas, comment on n'en fait pas usage.

Leur publication nuiroit à l'exécution.

Les finances viendront ensuite; les contributions, sous quelque dénomination qu'elles se présentent, seront payées gaîment. Aujourd'hui il faut des moyens aussi extraordinaires que les circonstances.

Je fournirai ces moyens.

CONCLUSION.

Français, nous avons un Roi tel que la divine Providence ne pourroit pas le donner meilleur, ni plus éclairé, au peuple le plus favorisé. Abandonnons-nous à sa direction; il veut notre bonheur, il le regarde comme le sien; il accomplira sa destinée si nous le secondons; rappelons-nous ce que nous avons été pendant les vingt-cinq ans que le loup a séjourné dans la bergerie. Après avoir égorgé le vrai pasteur, le père de famille, il a dévoré des millions de brebis. Remercions cette Providence de nous avoir rendu ce pasteur, ce père de famille, dans la personne de son auguste frère, qui, ayant passé par le creuset de la tribulation, en sentira mieux nos peines et nos maux, et connoîtra mieux les remèdes propres à les guérir.

Ce pasteur, ce père de famille arrive, précédé de

la justice, de la paix, et du repos de la France et de l'Europe. Il ne trouve rien dans les caisses publiques pour payer les dettes énormes contractées par les gouvernemens qui l'ont précédé, que nous réprouvions dans notre cœur, et qui ont disparu comme l'éclair devant la verge du Tout-Puissant.

Un étranger, en s'emparant de la souveraine puissance, en qualité de premier consul, a trouvé tout à coup un secours de plusieurs millions pour aller faire égorger nos frères à Marengo, et personne ne fait le même effort pour secourir son Roi légitime, qui lui apporte la vie, la paix, le bonheur et la tranquillité des familles.

Dépouillons-nous de cet égoïsme, de cette avarice qui peuvent nous devenir aussi funestes qu'ils l'ont été à d'autres classes au commencement de la révolution. Sacrifions, s'il le faut, une partie de notre fortune pour mettre notre Roi en état de protéger l'autre.

Nous avons vu en 1814, nous voyons encore aujourd'hui ces misérables restes des auteurs de nos dissentions. Ils ont jeté, ils jettent encore les brandons de la discorde, par les fausses nouvelles qu'ils répandent de tout côté, et surtout dans les campagnes pour nous diviser. Restons unis, rallions-nous autour de notre Roi, et nous serons sauvés.

Rappelons-nous que pendant les onze mois que ce

bon Roi a régné, comme un père tendre au milieu de ses enfans, ces démons, jaloux de notre tranquillité, ont semé les défiances, ont jeté l'alarme parmi les possesseurs de domaines nationaux; ils ont supposé au Roi des intentions éloignées de son grand caractère; ils ont fait descendre le Monarque de son trône, et ont ajourné le bonheur qui commençoit à luire sur notre malheureuse patrie; ils nous ont amené la guerre civile et la guerre étrangère; fidèles à leurs principes sanguinaires et intéressés, ils ont sacrifiés en trois mois deux cents mille hommes et plusieurs centaines de millions La ruine entière de la France devoit en être le résultat : la magnanimité des souverains alliés l'a sauvée.

Si nous voulons voir cesser nos misères, il faut le vouloir. Notre souverain légitime peut seul appliquer un baume salutaire sur nos plaies. N'écoutons pas ces prédicans de république; elle est impossible dans un grand Etat et chez un peuple démoralisé; nous en avons essayé, nous en étions plus malheureux. Eloignons-nous de tous ces fabricans de constitution, de changemens de dynastie; ils sont nos ennemis. La charte constitutionnelle est notre *palladium*.

Rallions-nous autour du trône et de cette charte; c'est l'arche du salut, c'est notre providence sur la terre; Louis XVIII est notre Roi légitime, notre père à tous, nous ne l'invoquerons pas en vain. En revenant aux principes de justice dont nos assemblées et Buonaparte nous ont éloignés pendant vingt-cinq ans, le Dieu puissant et miséricordieux, qui nous châtie d'une manière si terrible, retirera la verge de sa justice, appesantie sur nous; il nous pardonnera nos parjures, et l'ordre, la paix et l'abondance renaîtront parmi nous.

Veritas de terra orta est, et justitia de cœlo prosperit.

FIN

De l'imprimerie d'ADRIEN LE CLERE, Imprimeur de l'Archevêché de Paris, quai des Augustins, nº. 35.